DEUS, Nosso Pai

Walter Oliveira Alves

Ilustrações de
Valquíria Carvalho de Morais

INSTITUTO DE DIFUSÃO ESPÍRITA
ide editora

INSTITUTO DE DIFUSÃO ESPÍRITA
Av. Otto Barreto, 1067 - Caixa Postal 110
CEP 13602-970 - Araras - SP - Brasil
Fone (19) 541-0077 - Fax (19) 541-0966
C.G.C. (MF) 44.220.101/0001-43
Inscrição Estadual 182.010.405.118

IDE EDITORA É APENAS UM NOME FANTASIA UTILIZADO PELO INSTITUTO DE DIFUSÃO ESPÍRITA, O QUAL DETÉM OS DIREITOS AUTORAIS DESTA OBRA.

www.ide.org.br
e-mail: info@ide.org.br

Oi! Eu sou Julio!
Sou evangelizador.
Oi! Eu sou a Paula!
Vou ser professora.
Eu sou a Bete. Gos
de música e de dan
Oi! Eu sou o Beto.
Vou ser médico.
E eu sou Lee!
Vou ser inventor!
E você? Quer faze

parte de nossa turma?

Vamos aprender muitas coisas juntos. Queremos ficar cada vez mais inteligentes...

... e ter um coração muito bom.

Queremos evoluir...
Vamos aprender muitas coisas boas, que vão ajudar nossa vida.
O Júlio e a Valéria vão nos ajudar.

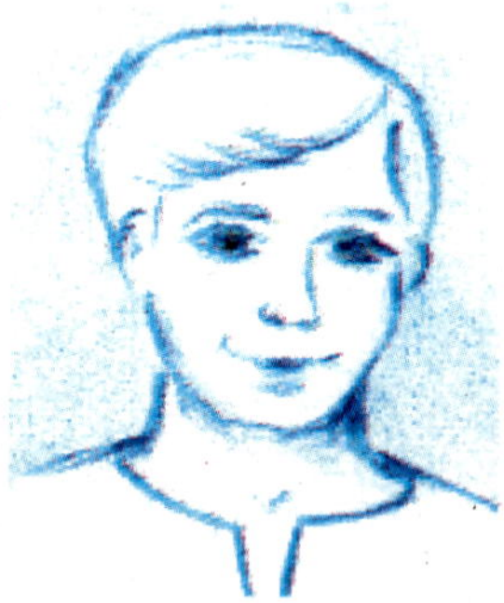

Eu também vou ajudar!
E além de nós, você tem um amigo, aí pertinho. É seu Espírito protetor... ele gosta muito de você e também quer ajudá-lo.
Você pode conversar com ele quando faz uma prece...

A primeira pergunta é do Beto!
Vamos lá, Beto, pergunte!

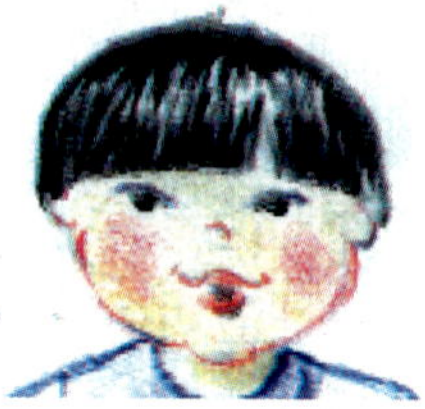

O que é Deus, Valéria?

Não podemos ver Deus, Beto, mas Sua presença está em toda parte.

No Sol que nos aquece...
Na chuva que cai...
Na água que bebemos...

No ar que respiramos...
Nas árvores, nas flores, nos frutos...
Nos pássaros voando, nos animais...
E dentro dos nossos corações.

Deus é o Criador de tudo...

Como posso saber se
Deus existe mesmo?

Quem fez esta casa, Renato?
Quem fez este carro?
E a mesa, as cadeiras?
Tudo o que existe foi feito por alguém!
Alguém criou, ou seja, tudo tem uma causa.

Tudo aquilo que não foi feito pelo homem, também tem uma causa, um Autor!

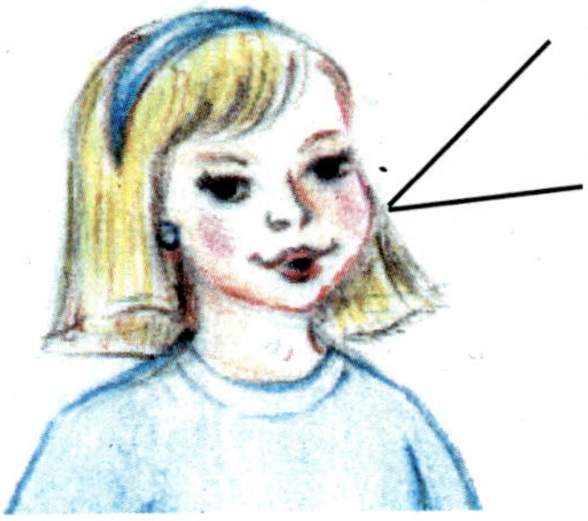

Dê uma olhadinha à sua volta. A prova de que Deus existe está em toda parte.

O Sol nos aquece e dá energia para todos os seres. Sem a sua energia não haveria vida alguma sobre a Terra.

Já pensou na importância da água?
Sem ela também não haveria vida na Terra.

Também bastariam alguns minutinhos sem o oxigênio do ar para que toda a vida terminasse.

As árvores fabricam o oxigênio do ar, todos os dias, a todo instante... e ainda por cima nos dão frutos tão gostosos...

As plantas sabem como usar a energia do Sol e transformar essa energia em alimento para nós. E fazem isso o tempo todo.

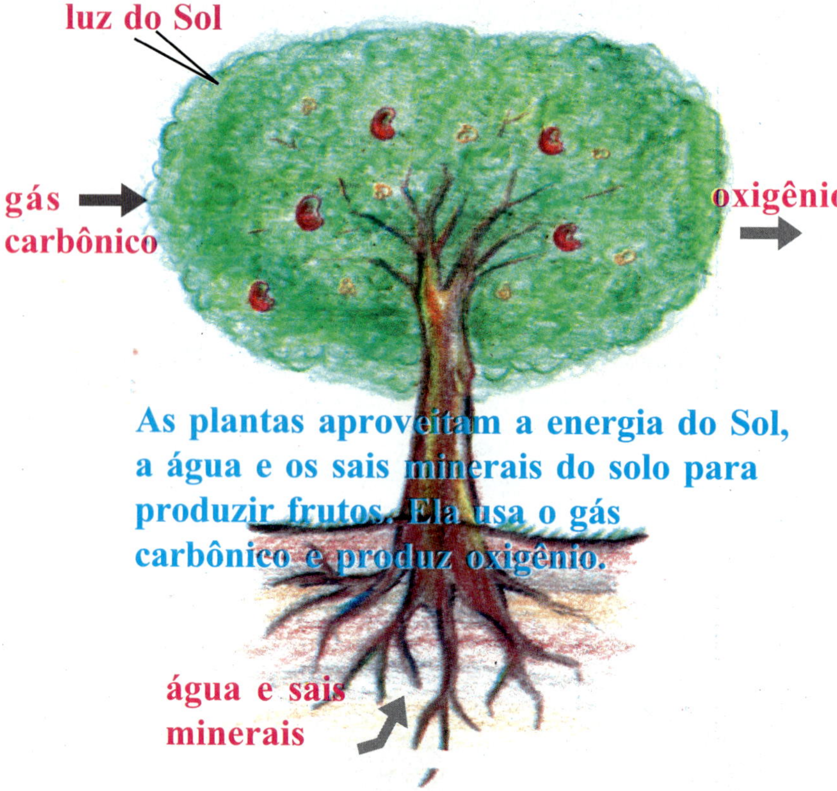

As plantas aproveitam a energia do Sol, a água e os sais minerais do solo para produzir frutos. Ela usa o gás carbônico e produz oxigênio.

Experiência: Coloque uma caixa de papelão sobre um vasinho de uma planta, com um furo na parte superior. Com o tempo, você vai observar que a plantinha buscará a luz pelo furo da caixa.

O Sol aquece a água dos mares, dos rios e das plantas e a transforma em vapor.

O vapor sobe e se transforma em nuvem.

Quando o vapor esfria, se transforma em água de novo e cai em forma de chuva.

É assim que Deus rega as florestas, renova a água dos rios e sempre temos água limpinha para beber.

Só Deus pode criar a vida.

Veja o que acontece com uma sementinha que você planta: Assim que ela sente a terra úmida à sua volta, o calor do Sol lhe aquecendo, começa a se desenvolver. Lança suas raízes para baixo, em busca da água e dos minerais da terra. E o caule vai para cima , em busca da luz do Sol.

Depois a plantinha vai crescendo... até surgir a árvore imensa, que dá flores e frutos.

Mas dentro da semente, já existia vida. A árvore inteirinha já existia dentro da semente, adormecida.

SÓ DEUS CRIA A VIDA...

EXPERIÊNCIA: Plante uma árvore. Você pode conseguir uma mudinha na prefeitura de sua cidade, ou numa floricultura. Cuide bem dela e observe o seu crescimento. Você está cuidando de um ser vivo, criado por Deus.

Dê uma olhadinha em seu próprio corpo. Cada parte de nosso corpo foi feito de maneira muito inteligente. Nossos olhos, nariz, boca, ouvidos, as mãos e a pele, nos fazem perceber o mundo à nossa volta.

Que perfume delicioso!

Huum! Que gostoso!

Quando você come, sua língua sente o gosto (paladar) e seu nariz, o cheiro (olfato).

Se a comida estiver estragada, o nariz avisa.

EXPERIÊNCIA: Faça uma experiência com seus amigos: Coloque algumas coisinhas gostosas e cheirosas como coco ralado, um pedaço de bolo (bem gostoso), e peça para seus amigos cheirar e provar, mas com os olhos fechados. Depois coloque um pouco de vinagre num copinho e peça para cheirar e provar... Vai ver a cara que eles fazem.

O tato faz você sentir as coisas em contato com a sua pele. Diz se algo é frio ou quente, se está seco ou molhado, se é áspero, liso, duro, macio...

Se você pegar em algo muito quente, a dor avisa para tirar a mão dali.

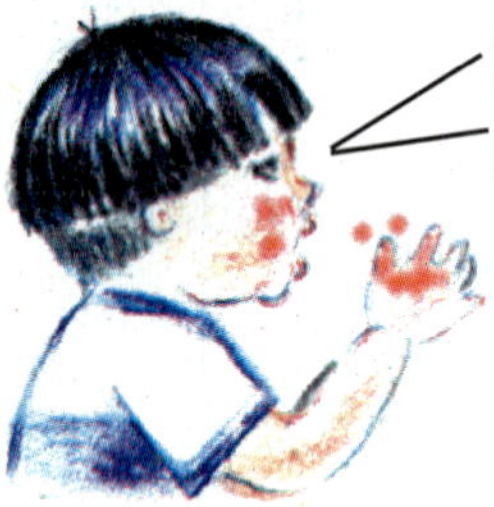

Foi Deus que fez a dor também?

A dor é muito útil porque faz você saber que alguma coisa está fazendo mal a você.

Já pensou em quantas coisas boas podemos fazer com nossas mãos?

EXPERIÊNCIA: Coloque em um saco diversos objetos: espumas, pelúcia, objetos lisos, ásperos, quadrados, redondos, etc. Quem estiver brincando com você deverá colocar a mão dentro do saco, de olhos fechados, tirar algo e falar tudo o que puder sobre esse objeto. Você vai perceber quantos detalhes podemos descobrir só com as mãos.

A visão é um dos sentidos mais importantes.
Veja como funciona:

Raios de luz penetram nos olhos através das pupilas.

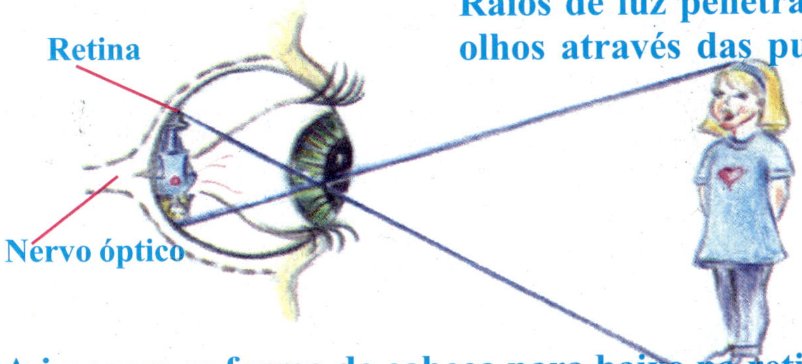

A imagem se forma de cabeça para baixo na retina, no fundo do seu globo ocular. Mas o nervo óptico leva a imagem até o cérebro que a coloca na posição correta.

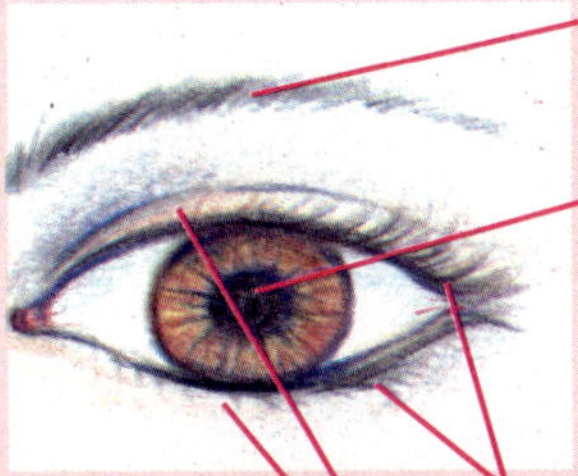

Sobrancelhas: evitam que o suor de nossa testa atinja os olhos.

pupila: Se há pouca luz, a pupila fica maior e deixa entrar mais luminosidade. Quando há muito luz, a pupila diminui para proteger o olho.

cílios: pêlos para evitar a entrada de poeira.

pálpebras: são duas dobras de nossa pele que servem para recobrir e proteger os olhos.

Os olhos estão bem protegidos, numa cavidade de nossa cabeça.

"Alguém" muito inteligente pensou em tudo!

EXPERIÊNCIA: Entre num quarto semi-escuro e observe suas pupilas. Depois acenda a luz e veja o que acontece com elas. Faça observações com mais e com menos luz.

Com a audição você escuta muitos sons diferentes: Sons de perigo como buzinas, sirenes, freadas, ou sons tranqüilos como músicas, a voz de um amigo, o barulhinho da chuva...

Suas orelhas captam os sons do ar que entram nos ouvidos. No ouvido interno, os sons se transformam em mensagens, que são transmitidas pelos nervos ao cérebro.
É então que o cérebro pode lhe informar o que você está ouvindo.

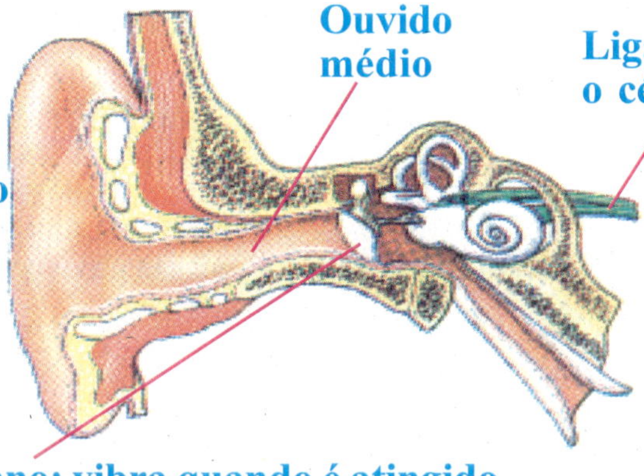

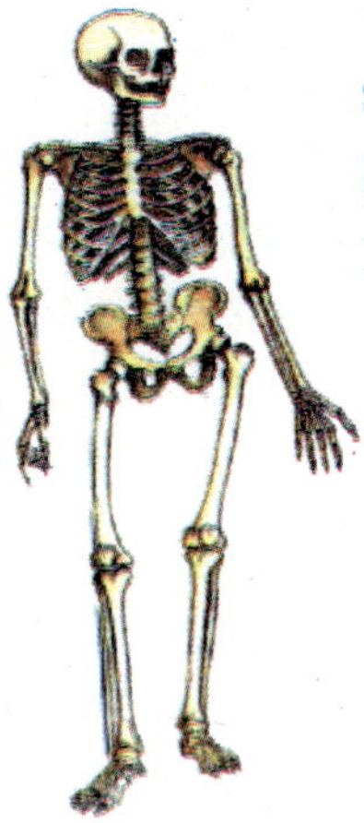

Você tem 206 ossos, formando seu esqueleto.
Sem ele seu corpo seria tão mole como um saco de batatas.

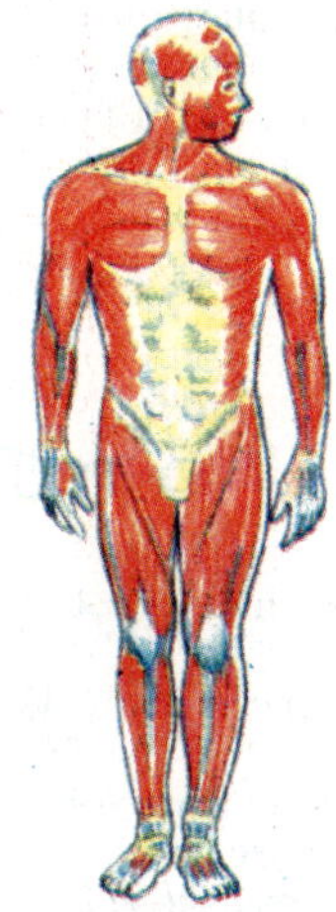

Mas são os músculos que fazem seu corpo se mover. Quando você corre, pula ou anda, os músculos puxam seus ossos.

Você usa mais de 40 músculos para franzir a testa...
Para sorrir você usa só uns quinze músculos...

Sorria!

Graças aos músculos, podemos mover braços, pernas e cabeça...

e a Bete consegue dançar tão lindamente.

O aparelho digestivo é fantástico! Veja como funciona:

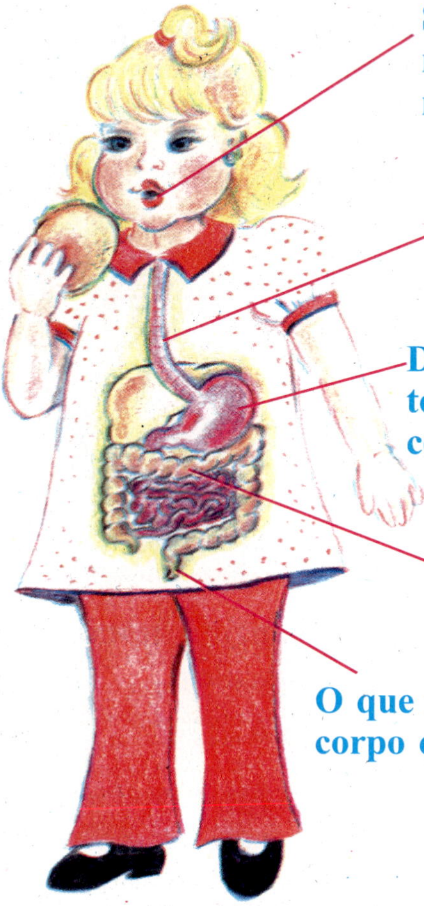

Seus dentes trituram o alimento e sua saliva o deixa macio e fácil de engolir.

Depois de engolido, o alimento é empurrado pelo esôfago para o estômago.

Dentro do estômago, o alimento é digerido pelo suco gástrico e vira um mingau espesso.

Depois ele vai atravessar as paredes do intestino e penetrar nos vasos sangüíneos.

O que não é aproveitado, sai do corpo quando você for ao banheiro.

Você ainda possui um maravilhoso sistema de transporte para levar o alimento já prontinho para todo o corpo, através do sangue.

Ual! Que super!
Deus pensou em tudo!

Sem o oxigênio do ar, nós não viveríamos.

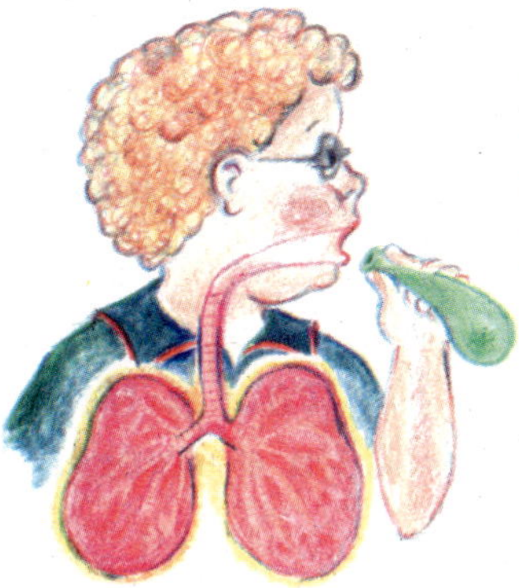

Quando você inspira, o ar vai para os pulmões, que ficam cheios.
Nos pulmões, o oxigênio penetra nos vasos sangüíneos e é levado pelo sangue para todas as partes do corpo.

Seu corpo absorve o oxigênio e elimina um gás chamado dióxido de carbono. Quando você expira, os pulmões ficam menores porque você expele o ar. Esse ar pode encher uma bola.

Dia e noite você está inspirando oxigênio e expirando dióxido de carbono.

E quando acabar o oxigênio do ar?

Mas as plantas estão sempre aproveitando o gás carbônico e produzindo oxigênio, lembra-se?

Tudo foi muito bem planejado para vivermos na Terra.

E dentro de nossa cabeça, o cérebro coordena tudo com a ajuda da medula espinhal e dos nervos.

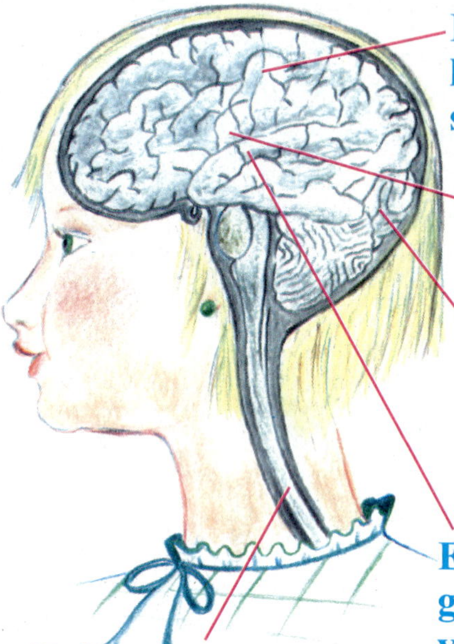

Essa parte do cérebro controla os músculos e ajuda você a se mover.

Essa parte controla a fala. Ela ajuda você a conversar.

Essa parte recebe as mensagens dos olhos. É ela que faz você saber o que está vendo.

E essa parte recebe as mensagens dos ouvidos. Ela diz o que você esta ouvindo.

Início da medula.

O cérebro nunca pára de funcionar. Mesmo quando você dorme ele continua trabalhando, controlando todo o seu corpo.

Que máquina fabricada pelo homem pode se comparar ao corpo humano?

UM SER MUITO... MUITO INTELIGENTE PENSOU EM TODOS OS DETALHES....

Mas quem comanda tudo isso é o Espírito. O corpo é apenas um instrumento do Espírito.

Enquanto seu corpinho descansa, você pode sair e passear comigo. Depois vai pensar que foi um sonho.

O Espírito usa o corpo para se manifestar no mundo material. O corpo morre um dia, mas o Espírito vive para sempre. Somos Espíritos imortais.

Você é um Espírito e viverá para sempre.

Os animais também têm um corpo parecido com o nosso! E existem milhares e milhares de espécies de animais.

Desde o inseto pequenino até a gaivota com seu maravilhoso sistema de voo...

Desde a formiguinha até o elefante...

E todos os animais têm o seu jeito próprio de ser, seu modo de vida...

Existem cerca de 9.000 tipos de aves...

1.000.000 de espécies de insetos.

Existem mais de 20.000 tipos diferentes de peixes...

6.000 répteis e 4.000 espécies de mamíferos.

Cada estrela é um Sol como o nosso... só que está mais longe... E todas espalham energia e luz...

Esta é a Terra. Nosso lar e nossa escola. Aqui Deus colocou tudo o que precisamos para viver, aprender e evoluir.

Toda a vida na Terra depende do Sol. E ela está na distância certinha do Sol, para o tipo de vida que há aqui. Se estivesse muito perto.... morreríamos de calor, mas se estivesse muito longe, ficaria muito frio.. e não daria para viver aqui...

Neste Universo imenso, Deus nos deu um mundo para viver: o planeta Terra, e aqui temos tudo o que nos é necessário.

O Sol nos aquece todos os dias, enviando a energia que precisamos...
As plantas estão a todo instante transformando a energia do Sol em alimento para nós...e nos oferecendo o oxigênio do ar...
A chuva limpa a atmosfera e renova as reservas de água...
Nosso corpo é perfeito, tudo certinho para vivermos por aqui...
Nossa digestão extrai de certos alimentos o combustível necessário (glicose) e a respiração absorve o oxigênio, e ambos produzirão a energia que nosso corpo precisa para viver.
Tudo está ligado... precisamos do Sol, precisamos do ar, precisamos dos vegetais, precisamos da água.... e Deus nos oferece tudo isso...

Toda nossa alimentação vem da Natureza.

PESQUISA:
Observe a mesa do café da manhã: Tente adivinhar do que é feito e de onde veio cada um dos alimentos: o pão, a manteiga, o queijo, o leite, o chocolate, o açúcar, a laranja, a maçã e a banana.

A Terra faz parte de uma família maior, o Sistema Solar.

Nosso Sol tem nove planetas (conhecidos até hoje) girando em sua volta, dezenas de satélites, centenas de cometas e milhares de asteróides...

Esta é a nossa Terra.

Os asteróides estão entre as órbitas de Marte e Júpiter.

A Terra tem um satélite, a Lua. Mas alguns planetas tem 17, 18 satélites, como Saturno.
E tudo esta girando no espaço. Os satélites giram em volta dos planetas. Os planetas giram em volta do Sol.

O Sol faz parte de uma família de estrelas. São milhares de estrelas formando uma galáxia.

Nosso Sol fica num cantinho da galáxia que se chama Via Láctea.

E as estrelas, que são Sóis também, viajam no espaço a velocidades incríveis. E tudo é perfeito, calculado matematicamente.

Existem outras galáxias além da nossa, muitas outras...

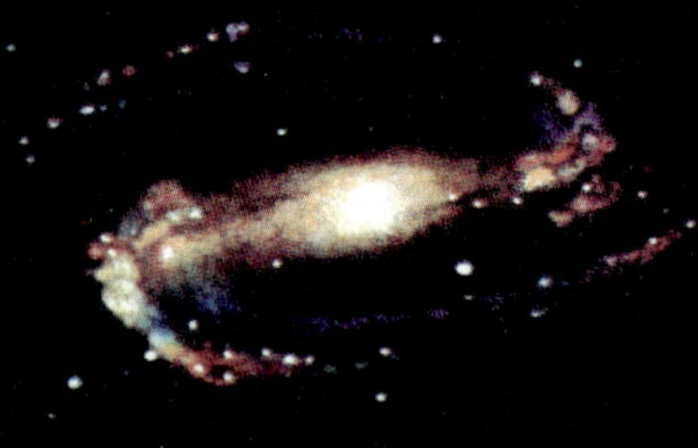

DEUS É A MAIOR INTELIGÊNCIA,
A INTELIGÊNCIA SUPREMA.
O CRIADOR DE TUDO...
A CAUSA PRIMEIRA DE TODAS AS COISAS...

Jesus nos ensinou que Deus é nosso Pai e nos ama muito...

Você é filho de Deus....
O Seu amor está em toda parte e também dentro de você...

Deus é nosso Pai e nos ama muito.

Tenho uma linda poesia sobre Deus.
Posso mostrar, Valéria?

Deus

Eu Te encontro por toda parte,
Em todo lugar estás, meu Senhor.
As estrelas brilhando no céu
Me falam de Ti, do Teu amor.

Esse Sol bondoso e amigo
Nos transmite seu calor,
Derrama por toda a parte
Os raios do Teu amor.

O vento que sopra forte,
O Sol que aquece e ilumina,
Nos lembram em toda parte
A Providência Divina.

O rio que corre sussurra Teu nome,
Me mandas recado no vento amigo,
Teu nome eu ouço nas ondas do mar,
Até no silêncio Tu falas comigo.

As flores do campo na primavera
Me falam de Ti e da esperança.
Também Te encontro, Senhor,
Nos olhos de toda criança.

As aves que voam nos céus,
A chuva fina que cai,
As flores que brotam nos jardins,
Todos dizem que temos um Pai.

Eu Te encontro em cada verso,
Em cada nota desta canção,
Eu também Te encontro
Dentro do meu coração.

Você é filho de Deus,
Parte da Criação,
Ela está em você
E você está nela...

Deus nunca o deixa sozinho.
Assim, onde você estiver,
Ele esta consigo.
Em sua casa, na escola,
Quando está doente, nas brincadeiras...

Você é herdeiro de Deus.
Ele criou tudo o que existe
E você é parte de tudo isso.

Deus o criou para ser feliz,
Mas você precisa crescer e aprender.
Deus lhe oferece tudo o que precisa,
Mas o esforço para aprender é seu.
Você só precisa se esforçar para
Melhorar e aprender sempre.

Deus está sempre com você.
É seu Pai e o ama muito.

Cante conosco!

Foi Deus nosso Pai,
Que em toda a parte está,
Quem fez este sol,
quem fez este mar.

Fez também os rios,
As lindas cascatas,
Pássaros que cantam,
No verde das matas.

Fez o vento e a chuva,
Fez o céu e as estrelas além,
Fez as flores tão bonitas,
E as borboletas também.

Nos reinos da natureza,
Que nos deu o Criador,
Existe tanta beleza
Gratos somos ao Senhor.

Somos parte da Criação... filhos de Deus...
Em tudo, existe um amor imenso por nós...

Gratidão ao Criador

Doralice Scanavini Volk